ALLES IST
NUR ÜBERGANG

ALLES IST
NUR ÜBERGANG

Die Jahresfeste in den
Worten der Dichter

Herausgegeben von Olaf Daecke

Urachhaus

Wir danken allen Verlagen und Inhabern der Rechte herzlich für die freundlich erteilte Abdruckgenehmigung. Bei der Vielzahl der Beiträge ist es oft nicht möglich, die Urheberrechtssituation sofort eindeutig zu klären. Sollte sich deshalb bei einzelnen Beiträgen nach Drucklegung noch ein Honoraranspruch ergeben, so sind wir selbstverständlich gerne bereit, diesen zu den üblichen Sätzen nachträglich zu vergüten.

ISBN 978-3-8251-7932-8

Erschienen im Verlag Urachhaus
www.urachhaus.com

© 2015 Verlag Freies Geistesleben & Urachhaus GmbH, Stuttgart
Gestaltung: Uschi Weismann
Umschlagabbildung: Claude Monet, Pappeln an der Epte, um 1900
Gesamtherstellung: Westermann Druck Zwickau

INHALT

VORWORT

Wir kennen Zeiträume, in denen wir die Möglichkeit haben, täglich die Natur um uns wahrzunehmen, zu entdecken, zu sehen und zu erleben. Das beginnt mit dem Tageslauf am Morgen und setzt sich fort am Mittag, am Abend und in der Nacht, durch Monate und Jahreszeiten, die sich zu einem Jahreskreislauf zusammenschließen.
Wir können den Weg durch die Jahreszeiten in ihren mannigfaltigen Escheinungsbildern als etwas Besonderes erleben, das es so nur in Europa gibt.
In diesem Naturgeschehen sind von alters her Fest- und Festeszeittraditionen eingebettet, deren spirituelle Hintergründe mit alten Kulturströmen und mit der christlichen Kultur verbunden und von ihnen geprägt sind.

Zu den üblichen, alljährlich gefeierten christlichen Festen gehört jedoch auch die so genannte *festlose Zeit*, die bei genauerer Betrachtung als *Festeszeit* ebenso wichtig ist und somit zu dem gesamten Jahresfest-Zyklus dazugehört.

Mit der Sammlung dieser Texte und Gedichte besteht für den aufgeschlossenen Betrachter die Möglichkeit, Naturgeschehen mit den spirituell kulturellen Aspekten zu einer lebendigen, ganzheitlichen Betrachtungsweise zu ergänzen, zu entdecken und immer wieder neu zu erleben.
Die Betrachtungen, Gedanken und dichterischen Worte vieler Autoren in diesem Buch mögen dabei hilfreich sein.

Olaf Daecke
September 2015

EINSTIMMUNG

Und ist ein bloßer Durchgang denn mein Leben,
Durch deinen Tempel, herrliche Natur,
So ward mir doch ein schöner Trieb gegeben,
Vom Höchsten zu erforschen jede Spur,
So tränkt mich doch, bin ich auch selbst vergänglich,
Ein Quell, der ewig ist und überschwenglich!

Friedrich Hebbel

BETRACHTUNG DER ZEIT

Mein sind die Jahre nicht,
die mir die Zeit genommen;
Mein sind die Jahre nicht,
die etwa möchten kommen;

Der Augenblick ist mein,
und nehm ich den in Acht,
So ist der mein, der Jahr
und Ewigkeit gemacht.

Andreas Gryphius

Kurz ist die Zeit und kurz auch selbst ein Jahr
Für einen Geist, der auf der Gottschau war.

Der Welt und Zeit und Endlichem entrückt,
Vor überirdischer Schönheit steht entzückt;

Tief unter ihm als selge Waller drehn
Die Sterne sich, die auf und nieder gehn;

Hoch über ihm als Nebelwolkenflaum
Umschiffen ihn im Kreise Zeit und Raum.

Ein selger Brennpunkt liegt dem Aug enthüllt,
Wo aller Missklang sich im Einklang stillt.

Melodisch strömt seit Ewigkeiten dort
Weltklang zum Einklang hin gereinigt fort.

Christian Wagner

UNENDLICHKEIT

Wer weiß der Vögel Flug
Und wer den Weg des Windes?
Wer folgt dem Wolkenzug,
Dem Lächeln eines Kindes,

Dem Licht im Weizenfeld,
Dem Fall der Regentropfen,
Dem Herbstlied aller Welt:
Früchte, die niederklopfen?

Du würdest arm und alt,
Eh dass du könntst durchdringen
Die ewige Gewalt
In den geringen Dingen.

Albrecht Goes

BARBARATAG

Kirschzweige bringt ein Mädchen
Über kahle, kalte Heide.
Dämmertag ist Nacht geworden,
Dörfchen blinkt wie Lichtgeschmeide.

Engelsstimme singt vom Himmel:
Dunkle Reiser, seid erkoren,
Staubverweht sind lang die Blumen,
Feld und Garten eingefroren.

Ihr nun werdet grünend leben,
Wenn der Erde Pflanzen fehlen.
Heilige Nacht wird Blüten treiben,
Und ein Glück kommt in die Seelen.

Letztes Rot verlischt im Walde.
Ton in Lüften bebt entschwindend.
Über die verhüllte Heide
Haucht der Bergwind, Schnee verkündend.

Hans Carossa

ADVENT

DIE VERKÜNDIGUNG
(des Fra Angelico)

Marias Augen halten
Kein noch so nahes Ziel,
Der Bäume weißes Spiel,
Ihr Lächeln und entfalten,

Und selbst des Engels Kommen,
Sein Flügel und Gewand,
Des Hauptes goldner Rand
Vermag ihr nicht zu frommen.

Maria an der Pforte
Hört nur die dunklen Worte,
Die ihr der Engel sagt,

Und hat die beiden Hände
Gekreuzt und spricht am Ende:
Ich bin des Herren Magd.

Albrecht Goes

ICH SEHE DICH IN TAUSEND BILDERN

Ich sehe dich in tausend Bildern,
Maria, lieblich ausgedrückt,
Doch keins von allen kann dich schildern,
Wie meine Seele dich erblickt.

Ich weiß nur, dass der Welt Getümmel
Seitdem mir wie ein Traum verweht,
Und ein unnennbar süßer Himmel
Mir ewig im Gemüte steht.

Novalis

ES KOMMT EIN SCHIFF GELADEN

Es kommt ein Schiff, geladen
bis an sein' höchsten Bord,
trägt Gottes Sohn voll Gnaden,
des Vaters ewigs Wort.

Das Schiff geht still im Triebe,
es trägt ein' teure Last;
das Segel ist die Liebe,
der Heilig Geist sein Mast.

Der Anker haft' auf Erden,
da ist das Schiff an Land.
Das Wort will Fleisch uns werden,
der Sohn ist uns gesandt.

Zu Bethlehem geboren
Im Stall ein Kindelein,
gibt sich für uns verloren;
gelobet muss es sein.

Und wer dies Kind mit Freuden
umfangen, küssen will,
muss vorher mit ihm leiden
groß Pein und Marter viel,

danach mit ihm auch sterben
und geistlich auferstehn,
das ewig Leben erben,
wie an ihm ist geschehn.

Geistlicher Choral
(Johannes Tauler zugeschrieben)

In einer alten Legende aus dem Elsass wird die Entstehung dieses Liedes erzählt. Der Dominikaner und Münsterprediger, Johannes Tauler in Straßburg, zog es bei einer abendlichen Wanderung, in der zeitlichen Nähe des Weihnachtsfestes, hinaus an den Rhein. Es mochte das Jahr 1356 gewesen sein.

Als er den Steg über den Fluss betrat, tauchten aus dem Nebel in der abendlichen Dämmerung Schiffe auf, hoch beladen mit Kaufmannsgut, die still dahinfuhren. Die Schiffer grüßten Johannes Tauler, als sie ihn erkannten, und wünschten ihm einen erholsamen Weihnachtsschmaus, den er wohl vertragen könne, denn er blickte sehr müde drein.

Auf dem Heimweg in die Stadt sann er über den Inhalt der bevorstehenden Weihnachtsansprache im Münster nach. Er konnte nicht zum wiederholten Mal über die dreifache Geburt sprechen und auch nicht davon, dass ein üppiger Weihnachtsschmaus nicht der einzige Inhalt des Weihnachtsfestes sein könne. Nun stand er auf der Kanzel, hub an zu sprechen und hörte sich selbst sagen:

>>Es kommt ein Schiff, geladen
bis an sein' höchsten Bord ...«

Bilder und Gedanken flogen ihm zu und formten sich im Augenblick zu Worten seiner Ansprache.

Vier Jahre später führte ihn der abendliche Weg abermals an den Rhein. Auch dieses Mal fuhren Kaufleute mit ihren Schiffen auf dem Wasser vorbei, nun aber nicht stumm. Die Männer sangen ein Lied, dessen Worte Johannes Tauler beim genaueren Hinhören erkannte.

»Es kommt ein Schiff geladen …«

Als die Schiffe vorübergefahren waren, vernahm er noch in der Ferne die letzte Strophe des Liedes mit den Worten verklingen:

»Danach mit ihm auch sterben
und geistlich auferstehn …«

Johannes Tauler schleppte sich mühsam in der Dämmerung über den Steg. Dann brach er zusammen. Im Sommer 1361 starb er im Kloster St. Nikolaus in Straßburg. Die Worte seiner Weihnachtsansprache aber lebten im Liede weiter.

Olaf Daecke

WUNDERWEISSE NÄCHTE

Es gibt so wunderweiße Nächte,
Drin alle Dinge Silber sind.
Da schimmert mancher Stern so lind,
Als ob er fromme Hirten brächte
Zu einem neuen Jesuskind.

Weit wie mit dichtem Demantstaube
Bestreut, erscheinen Flur und Flut,
Und in die Herzen, traumgemut,
Steigt ein kapellenloser Glaube,
Der leise seine Wunder tut.

Rainer Maria Rilke

WEIHNACHTSERWARTUNG

Jenseits der lauten Welt,
die vorgibt, dich zu erfüllen,
ist immer Advent.
Es harrt in Erwartung
dein Engel,
ob du der Fessel der Nacht
dich entringst
und dein Ich
aus innerer Kraft
sich gebiert,
so dass es jenseits der Schwelle
weihnachtlich leuchtet:
Den Engeln ein göttliche Kind.

Otto Kaltenbrunner

WEIHNACHTEN

EINE WEIHNACHTSBOTSCHAFT

Eben dies ist das heiligste Erlebnis, das der Welt begegnet ist, das größte, froheste, stärkste Erlebnis, das uns bestimmt ist, dass die Gottmenschlichkeit uns anleuchtet aus einem Menschenleben, nicht als kalte Idee, sondern als ein lebendiges Licht, das ausgegangen ist und wiederstrahlt in einem Menschenwesen.

Friedrich Rittelmeyer

Wird Christus tausendmal in Bethlehem geboren
und nicht in dir, du bleibst noch ewiglich verloren.

Der Himmel senkte sich, er kommt und wird zur Erden;
wann steigt die Erd' empor und wird zum Himmel werden?

Angelus Silesius

WEIHNACHTSLIED

Vom Himmel in die tiefsten Klüfte
Ein milder Stern herniederlacht,
Vom Tannenwalde steigen Düfte
Und hauchen durch die Winterlüfte,
Und kerzenhelle wird die Nacht.

Mir ist das Herz so froh erschrocken,
Das ist die liebe Weihnachtszeit!
Ich höre fernher Kirchenglocken
Mich lieblich heimatlich verlocken
In märchenstille Herrlichkeit.

Ein frommer Zauber hält mich wieder,
Anbetend, staunend muss ich stehn;
Es sinkt auf meine Augenlider
Ein goldner Kindertraum hernieder,
Ich fühl's ein Wunder ist geschehn.

Theodor Storm

Wo bleibst du Trost der ganzen Welt?
Herberg' ist dir schon längst bestellt.
Verlangend sieht ein jedes dich,
Und öffnet deinem Segen sich.

Geuß, Vater, ihn gewaltig aus,
Gib ihn aus deinem Arm heraus:
Nur Unschuld, Lieb' und süße Scham
Hielt ihn, dass er nicht längst schon kam.

Treib ihn von dir in unsern Arm,
Dass er von deiner Hand noch warm;
In schweren Wolken sammle ihn
Und lass ihn so hernieder ziehn.

In kühlen Strömen send' ihn her,
In Feuerflammen lodre er,
In Luft und Öl, in Klang und Tau
Durchdring' er unsrer Erde Bau.

Er ist der Stern, er ist die Sonn',
Er ist des ewigen Lebens Bronn,
Aus Kraut und Stein und Meer und Licht
Schimmert sein kindlich Angesicht.

Novalis

DIE WEIHE DER NACHT

Nächtliche Stille!
Heilige Fülle,
Wie von göttlichem Segen schwer,
Säuselt aus ewiger Ferne daher.

Was da lebte,
Was aus engem Kreise
Auf ins Weitste strebte,
Sanft und leise
Sank es in sich selbst zurück
Und quillt auf in unbewusstem Glück.

Und von allen Sternen nieder
Strömt ein wunderbarer Segen,
Dass die müden Kräfte wieder
Sich in neuer Frische regen,
Und aus seinen Finsternissen
Tritt der Herr, so weit er kann,
Und die Fäden, die zerrissen,
Knüpft er alle wieder an.

Friedrich Hebbel

FRIEDE AUF ERDEN!

Da die Hirten ihre Herde
Ließen und des Engels Worte
Trugen durch die niedre Pforte
Zu der Mutter und dem Kind,
Fuhr das himmlische Gesind
Fort im Sternenraum zu singen,
Fuhr der Himmel fort zu klingen:
»Friede, Friede! auf der Erde!«

Seit die Engel so geraten,
O wie viele blutge Taten
Hat der Streit auf wildem Pferde,
Der geharnischte, vollbracht!
In wie mancher heilgen Nacht
Sang der Chor der Geister zagend,
Dringlich flehend, leis verklagend:
»Friede, Friede … auf der Erde!«

Doch es ist ein ewger Glaube,
Dass der Schwache nicht zum Raube
Jeder frechen Mordgebärde
Werde fallen allezeit:
Etwas wie Gerechtigkeit
Webt und wirkt in Mord und Grauen,
Und ein Reich will sich erbauen,
Das den Frieden sucht der Erde.

Mählich wird es sich gestalten,
Seines heilgen Amtes walten,
Waffen schmieden ohne Fährde,
Flammenschwerter für das Recht,
Und ein königlich Geschlecht
Wird erblühn mit starken Söhnen,
Dessen helle Tuben dröhnen:
Friede, Friede auf der Erde!

Conrad Ferdinand Meyer

WEIHNACHTSSPRUCH

Die Erde kann nur Sonne werden
Befreit von Feindeshass und Macht,
Wenn schöpferisch der Mensch auf Erden
Die Sonne schaut um Mitternacht.
Dann leuchtet nach dem Weltgericht
Die Erde in der Liebe Licht.

Es wird das Reich des Vaters kommen.
Doch kann sein Wille nur geschehen,
Wenn durch den Sohn die wahrhaft Frommen
Sein Werk mit Sonnenaugen sehen.
Dann strahlt vom heiligen Geist erhellt
Vereinigt Erd- und Himmelswelt.

Otto Rennefeld

WORTE ZUM WEIHNACHTSFEST

Wollen wir das Weihnachtsfest christlich feiern, so muss in uns selbst ein Hirte und ein König sein.

Ein Hirte, der horchen kann auf das, was andere nicht hören. Der mit allen Kräften der Hingebung unmittelbar unter dem Sternenhimmel wohnt. Zu dem es Engel gelüsten kann, sich zu offenbaren.

Und ein König, der schenken kann. Der sich von nichts anderem leiten lässt als von dem Stern in der Höhe. Der sich aufmacht, alle seine Gaben an einer Krippe darzubringen.

Aber außer dem Hirten und dem König muss auch ein Kind in uns sein, das jetzt geboren werden will!

Friedrich Rittelmeyer

Nicht in alten Tempeln
fand Jesus Christ sein Haus.
Drum suchen ihn die Weisen
und wandern weit hinaus.

Drum lauschen fromme Hirten,
tief über sich gebeugt,
dass ihnen Gottes Stimme
den Weg zur Krippe zeigt.

Und wo ihr Wissen endet
und wo ihr Glaube bricht,
fängt an die Nacht zu leuchten
von Christi Liebeslicht.

Paul Bühler

Je dunkler die Tage,
je länger die Nacht,
je banger die Frage,
je tiefer der Schacht.

Nur höher die Feier!
Nur heller der Schein!
Ich wage es freier,
dem Licht mich zu weih'n.

Ich wage und traue –
In Nacht tritt das Licht!
Ich staune und schaue,
das Dunkel zerbricht.

Käte Njanapu-Just

Gekommen in die Nacht der Welt ist Gottes Licht;
Wir sind daran erwacht, und schlummern fürder nicht.

Wir Schlummer fürder nicht den Weltbetäubungsschlummer,
Wir blicken, wach im Licht, aufs Nachtgrau ohne Kummer.

Wo ist der Nächte Graun? Es ist vom Licht bezwungen;
Wir blicken mit Vertraun ins Licht, vom Licht durchdrungen,

Dass wir durchdrungen sind vom Lichte, dem wir dienen,
Wir zeigen's dem Gesind der Nacht an unsern Mienen.

In hellen Mienen macht sich kund die Kraft des Herrn,
Und wer nicht in der Nacht kann leuchten, ist kein Stern.

Friedrich Rückert

DAS GEHEIMNIS DER WEIHNACHT

Aufstehen
in der Nacht
wie die Hirten
Auf den Weg sich machen
in Kälte und Dunkel
Im Herzen
einfältige Hoffnung

Sich leiten lassen
von seinem Stern
den man erkannt hat
und den keiner sonst sieht

Den Weg
zu Ende gehen
wie die Könige
Nicht umkehren

Zur Welt kommen

Geboren werden

Ingrid Haushofer

VON NEUJAHR BIS OSTERN

ZUM NEUEN JAHR

Wie heimlicher Weise
Ein Engelein leise
Mit rosigen Füßen
Die Erde betritt,
So nahte der Morgen.
Jauchzt ihm, ihr Frommen,
Ein heilig Willkommen,
Ein heilig Willkommen!
Herz, jauchze du mit!

In ihm sei's begonnen,
Der Monde und Sonnen
An blauen Gezelten
Des Himmels bewegt.
Du Vater, du rate!
Lenke du und wende!
Herr, dir in die Hände
Sei Anfang und Ende,
Sei alles gelegt!

Eduard Mörike

DIE KÖNIGE

Drei Könige wandern aus Morgenland,
ein Sternlein führt sie zum Jordanstrand.
In Juda fragen und forschen die drei,
wo der neugeborene König sei?
Sie wollen Weihrauch, Myrrhen und Gold
zum Opfer weihen dem Kindlein hold.

Und hell erglänzet des Sternes Schein,
zum Stalle gehen die Könige ein;
das Knäblein schauen sie wonniglich,
anbetend neigen die Könige sich.
Sie bringen Weihrauch, Myrrhen und Gold
zum Opfer dar dem Knäblein hold.

O Menschenkind, halte treulich Schritt!
Die Könige wandern, o wandere mit!
Der Stern der Liebe, der Gnade Stern
erhelle dein Ziel, so du suchest den Herrn.
Und fehlen dir Weihrauch, Myrrhen und Gold,
schenke dein Herz dem Knäblein hold!

Peter Cornelius

ZUKUNFT

Man kann nicht
in die Zukunft schauen,
aber man kann den Grund
für etwas Zukünftiges legen –
denn Zukunft
kann man bauen.

Antoine de Saint-Exupéry

Ich bitte nicht um Glück auf Erden,
Nur um ein Leuchten nun und dann,
Dass deine Hände sichtbar werden,
Ich deine Liebe ahnen kann;
Nur in des Lebens Kümmernissen
Um der Ergebung Gnadengruß:
Dann wirst du schon am besten wissen,
Wie viel ich tragen kann und muss.

Annette von Droste-Hülshoff

CHRISTOPHORUS

Ich bin der Pflicht verbunden,
hab einen leichten Schlaf,
seit mich in dunklen Stunden
der Ruf des Kindes traf.

Die Wellen fliehn und jagen,
bedrohlich ist die Nacht.
Das Kindlein sanft zu tragen,
bin ich vom Schlaf erwacht.

Am Fluss steht meine Klause,
umbraust vom Geisterwind,
ich bin im Nichts zu Hause –
ich warte auf das Kind.

Hedwig Diestel

HÖCHSTES GEBOT

Hab Achtung vor dem Menschenbild
Und denke, dass, wie auch verborgen,
Darin für irgend einen Morgen
Der Keim zu allem Höchsten schwillt.

Hab Achtung vor dem Menschenbild
Und denke, dass, wie tief es stecke,
Ein Hauch des Lebens, der ihn wecke,
Vielleicht aus *deiner* Seele quillt!

Hab Achtung vor dem Menschenbild.
Die Ewigkeit hat eine Stunde,
Wo jegliches dir eine Wunde
Und, wenn nicht die, ein Sehnen stillt!

Friedrich Hebbel

ER

Es leuchten Seine Augen in den Sternen,
im Kelch der Rose sehe ich sein Blut.
Sein Körper strahlt im ew'gen Schnee der Ferne,
im Regen schau' ich seiner Tränen Flut.

Ich seh Sein Angesicht in jeder Blume,
der Donner und der Nachtigallen Ruf
sind Seine Stimme. – Und der Felsen Mauern
Schriftzeichen sind es, die Sein Griffel schuf.

Sein Fuß hat alle Pfade ausgetreten.
Es pocht sein Herz in wilder Wogen Schaum.
Ein jeder Strauch trägt Seine Dornenkrone
Und seines Kreuzes Holz ist jeder Baum.

Irischer Soldat
(1918 vor dem Kriegsgericht erschossen)

OSTERN UND DIE OSTERZEIT

Ostern, Ostern Frühlingswehen,
Ostern, Ostern Auferstehen
Aus der tiefen Grabesnacht;
Blumen sollen fröhlich blühen,
Herzen sollen heimlich glühen,
Denn der *Heiland* ist erwacht.

Alle Gräber sind nun heilig,
Grabesträume schwinden eilig,
Seit im Grabe Jesu lag.
Jahre, Monde, Tage, Stunden,
Zeit und Raum, wie schnell entschwunden,
Und es scheint ein ewiger Tag!

Max von Schenkendorf

Endlich weiß ich, was ich spürte
in der Winternacht,
als an meine Seele rührte
jene sanfte Macht,
oftmals war es wie ein Ton,
oftmals wie ein Licht,
Botschaft von dem Sonnensohn,
ich verstand sie nicht.

Seit ich in dem Frühling steh'
und der lichten Blüte
in das offne Auge seh',
weiß es mein Gemüte:
Mit dem Geiste, mit den Sinnen,
find ich Dich, o Christ,
weil Du draußen, weil Du drinnen
immer Liebe bist.

Albert Steffen

»OSTERSPAZIERGANG«

Vom Eise befreit sind Strom und Bäche
Durch des Frühlings holden, belebenden Blick;
Im Tale grünet Hoffnungsglück;
Der alte Winter, in seiner Schwäche,
Zog sich in rauhe Berge zurück.
Von dorther sendet er, fliehend, nur
Ohnmächtige Schauer körnigen Eises
In Streifen über die grünende Flur;
Aber die Sonne duldet kein Weißes;
Überall regt sich Bildung und Streben,
Alles will sie mit Farben beleben;
Doch an Blumen fehlt's im Revier,
Sie nimmt geputzte Menschen dafür.
Kehre dich um, von diesen Höhen
Nach der Stadt zurückzusehen.
Aus dem hohlen finstern Tor
Dringt ein buntes Gewimmel hervor.
Jeder sonnt sich heute so gern.
Sie feiern die Auferstehung des Herrn,
Denn sie sind selber auferstanden …

Johann Wolfgang von Goethe

Ich sag es jedem, dass er lebt
Und auferstanden ist,
Dass er in unsrer Mitte schwebt
Und ewig bei uns ist.

Ich sag es jedem, jeder sagt
Es seinen Freunden gleich,
Dass bald an allen Orten tagt
Das neue Himmelreich.

Er lebt, und wird nun bei uns sein,
Wenn alles uns verlässt!
Und so soll dieser Tag uns sein
Ein Weltverjüngungs-Fest.

Novalis

QUI RESURREXIT

In tausend Bildern hab ich ihn gesehn.
Als Weltenrichter, zornig und erhaben,
als Dorngekrönten, als Madonnenknaben, –
doch keines wollte ganz in mir bestehn.

Jetzt fühl ich, dass nur eines gültig ist:
Wie sich dem Meister Mathis Er gezeigt –
Doch nicht der Fahle, der zum Tod sich neigt –
Der Lichtumflossene: dieser ist der Christ.

Nicht Menschenkunst allein hat so gemalt.
Dem Grabesdunkel schwerelos entschwebend,
das Haupt mit goldnem Leuchten rings umwebend.

Von allen Farben geisterhaft umstrahlt,
noch immer Wesen, dennoch grenzenlos,
fährt Gottes Sohn empor zu Gottes Schoss.

Albrecht Haushofer

Ich bin nicht Ich!
Ich bin JENER,
der an meiner Seite geht,
ohne dass ich IHN erblicke,
den ich oft besuche,
und den ich oft vergesse.
JENER, der ruhig schweigt, wenn ich spreche,
der sanftmütig verzeiht, wenn ich hasse,
der umherschweift, wo ich nicht bin,
der aufrecht bleiben wird, wenn ich sterbe.

Juan Ramon Jiménez

Weiß nicht, woher ich bin gekommen,
Weiß nicht, wohin werd' ich genommen.
Doch weiß ich fest, dass ob mir ist
Eine Liebe, die mich nie vergisst.

Justinus Kerner

HIMMELFAHRT UND PFINGSTEN

WOLKENWESEN

Wir treten in die Jahreszeit ein, die des Öfteren Gelegenheit gibt, prächtig gebildete Wolken am Himmel zu betrachten. Wer Herz und Sinn für Schönheit und Größe hat, wird sich zu diesen wunderbaren Gebilden hingezogen fühlen. Es gehört wahrhaftig zum vollen Menschenleben dazu, ihre erhabene Formensprache immer wieder zu belauschen und auf sich einwirken zu lassen.

Was uns dabei beeindruckt, ist die gestaltende Form. Während niemand an der materiellen Welt der Wolken zweifeln wird – das Wesentliche an ihnen erscheint dem natürlichen Blick doch nicht das physikalisch Erfassbare, der kommende und gehende Wasserdampf, sondern ein großartiges Formengesetz, das da – selbst zwar unsichtbar, dennoch offen vor unseren Augen – kraftet. Das Auftauchen und Vergehen, das Wachsen, Auftürmen, Ballen, Dräuen, das Hinziehen, Fließen, Wandern, Auflösen, das liebliche Perlen und abendliche Stillestehen – das alles offenbart grenzenlose, rastlose Bildekraft, die tätig ist nach ewigen bestimmten Gesetzen und doch erstaunlich ungebunden, ewig neu.

Nie gleicht ein Wolkenbild dem andern. Im unbelebten Stoff herrscht hier wahrhaftes Leben. Wo in aller Welt ist ein solches Maß schöpferischer Phantasie sonst noch in seiner Tätigkeit zu sehen? Wo finden wir im Erdenbereich so deutlich-symbolisch das Wirken der die Materie formenden Kräfte vor uns aufgeführt?

Im Parterre der hart gewordenen Erde wirken die formenden Kräfte zwar auch, aber langsam, still, verborgen. Auf der Wolken-Himmelsbühne werden sie großartig offenbar.

Kurt von Wistinghausen

HIMMELFAHRT

An Himmelfahrt
im Vogelbau
der Eier zart
azurnes Blau.

An Pfingsten schon
zum Fluge flügg,
O Zwitscherton!
O Sommerglück!

Rotkehlchen schwingt
sich aus dem Nest.
Sein Seelchen singt
purpurnes Fest.

O Heiliger Geist
in der Natur,
Christos, Dich preist
die Kreatur!

Albert Steffen

DIE SIEBEN WOCHEN

Nun geht der Herr, der Ostern auferstand,
Auf Erden sieben Wochen bis zu Pfingsten;
Und segnend wandeln kann ihn über Land
Ein jeder sehn vom Größten zum Geringsten.

Maria Magdalena, komm und schau
Den Gärtner stehn im stillen Frühlingsgarten!
Er ist der Gärtner, er, auf dessen Tau
Des Herzens Blumen alle durstig warten.

O Thomas, der du der Ungläub'ge bist,
Komm, deine Finger leg in seine Wunden,
Und glaube! Jede Frühlingsrose ist
Als Liebeswund' an seinem Leib erfunden.

Friedrich Rückert

DER HEILENDE GEIST

Ein stiller, unmerklicher Vorgang ist es, wenn Pflanzen mit ihren Blättern atmen. Wenn der Wind über die Wiesen streicht, wenn er durch die Kronen der Bäume rauscht, da atmen die die Pflanzen. Da saugen sie in zarter unsichtbarer Form die Substanzen ein, aus denen die feste, sichtbare Pflanzengestalt entstehen soll. Denn was fest und hart ist in den Stängeln und Blättern, die mächtigen Holzmassen der Bäume – woher kommt das alles? Das verdichtet sich aus dem Kohlendioxyd der Luft, die heranweht mit dem Wind, die ganz behutsam, und unmerklich eingeatmet wird.

Ähnlich ist es, wenn unsere menschliche Seele atmet. Niemand bemerkt etwas, wenn der Wind des Himmels unser inneres Wesen durchweht. Aber in der ganz unauffälligen, verinnerlichten Tätigkeit der Andacht und innerer Besinnung dringen die Kräfte in unser Wesen ein, die uns stark machen für das äußere Leben. Was uns zu tüchtigen, brauchbaren Menschen macht, kommt nicht von unten, sondern von oben, aus dem Übersinnlichen.

Es ist uns heute allerdings schwer verständlich, dass ein unsichtbarer Gedanke ebenso wirklich sein soll wie ein Stein, den man anfassen kann. Und nur schwer kann man begreifen, dass wenige Minuten stillen Denkens ebenso wirksam und folgenschwer sein sollen, wie ein ganzer, im anstrengenden Beruf vollbrachter Arbeitstag. Aber alle Arbeit in der Sinnenwelt bleibt letzten Endes unbrauchbar, ja unpraktisch und unvollkommen, wenn sie nicht ergänzt wird durch die Arbeit aus dem Unsichtbaren. Die Berufsarbeit ist gleichsam die Wurzel, die nur Wasser und einige durchaus auch notwendige Salze aus dem Boden saugen kann.

Das Gebet dagegen, die innere Erhebung, ist das Blatt, die rauschende Krone. Sie empfängt von oben her die Substanz, die den Menschen zur Persönlichkeit formt und all seiner Arbeit erst den eigentlichen Sinn verleiht.

Franz-Heinrich Himstedt

PFINGSTGEBET

O werft, ihr Himmlischen, die Feuerbrände
In unser Herz, das finster, tot und kalt,
Und lasst in Flammen sinken Trennungswände
Durch eure heilsam schaffende Gewalt!

Zum Ursprung wende wieder unsre Herzen,
So wie die Flamme uns nach oben weist.
Der Altar ist in uns, wir sind die Kerzen,
Komm, und entzünde uns, Du heiliger Geist!

Hermann Fackler

Atme in mir, du Heiliger Geist, dass ich Heiliges denke.
Treibe mich, du Heiliger Geist, dass ich Heiliges tue.
Locke mich, du Heiliger Geist, dass ich Heiliges liebe.
Stärke mich, du Heiliger Geist, dass ich Heiliges hüte.
Hüte mich, du Heiliger Geist, dass ich das Heilige
nimmer verliere.

Augustinus zugeschrieben

DER NACHTIGALL PFINGSTGESANG

Zu Pfingsten sang die Nachtigall,
nachdem sie Tau getrunken;
die Rose hob beim hellen Schall
das Haupt, das ihr gesunken:

»O kommt, ihr alle, trinkt und speist,
ihr Frühlingsfestgenossen,
weil übers ird'sche Mahl der Geist
des Herren ist ausgegossen.«

Die Himmelsjünger groß und klein
sind von der Kraft durchdrungen,
man hört sie reden insgemein
in wunderbaren Zungen.

Und da ist keine Blüt' am Baum,
kein Blatt ist da so kleines,
es redet auch mit drein im Traum,
als sei's voll süße Weines.

Oh, ihr Apostel, gehet aus
und predigt allen Landen
mit Säuselluft und Sturmgebraus
von dem, der ist erstanden!

Legt aus sein Evangelium,
auf Frühlingsau'n geschrieben,
dass er uns lieben will darum,
wenn wir einander lieben.

Wer liebend sich ans nächste hält
und will nur das gewinnen,
umfasst darin die ganze Welt,
und Gott ist mitten drinnen!

Friedrich Rückert

O HEILENDE KRAFT

O heilende Kraft, die sich Bahn bricht!
Alles durchdringst du,
die Höhen und Tiefen
und jeglichen Abgrund.
Du bauest und bindest alles.

Durch dich träufeln die Wolken,
regt ihre Schwingen die Luft.
Durch dich bricht das Wasser das harte Gestein,
rinnen die Bächlein
und quillt aus der Erde das frische Grün.

Du auch führest den Geist,
der deine Lehre trinkt, in Weite.
Webest Weisheit in ihn
und mit der Weisheit die Freude.

Hildegard von Bingen

WAS DIE ROSE IM WINTER TUT

Was tut wohl die Rose zur Winterszeit?
Sie träumt einen hellroten Traum.
Wenn der Schnee sie deckt um die Adventszeit,
Träumt sie vom Holunderbaum.
Wenn Silberfrost in den Zweigen klirrt,
Träumt sie vom Bienengesumm,
Vom blauen Falter, und wie er flirrt …
Ein Traum, und der Winter ist um!

Und was tut die Rose zur Osterzeit?
Sie räkelt sich – bis April.
Am Morgen, da weckt sie sie Sonne im Blau,
Und am Abend besucht sie der Frühlingstau,
Und ein Engel behütet sie still.
– Der weiß ganz genau, was Gott will!
Und dann über Nacht, wie ein Wölkchen, ein Hauch,
Erblüht sie zu Pfingsten am Rosenstrauch.

Mascha Kaléko

HEILIGER GEIST

Die Verschmutzung von Luft, Wasser, Erde und Nahrung bewegt heute jedermann. Im Gegensatz zu der gefährdeten, zerstörten Umwelt spricht man gerne von einer »heilen Welt«, die es hie und da noch gibt. Es geschieht im wehmütigen Ton der Erinnerung an »bessere Zeiten«. Damals, so meint man, standen die Menschen dem Religiösen nach näher. Doch mit einem recht verstandenen zeitnahen Christentum hat die dadurch zum Ausdruck kommende Haltung kaum etwas zu tun.

Dieses Christentum bezieht sich viel weniger auf die Vergangenheit als auf die Zukunft. Dass die Welt einmal heil war, ist jetzt weniger wichtig, als dass sie heil *werden* soll. Den vom Pfingstfest ausgehenden »heiligen Geist« nennt der erneuerte Kultus daher auch den »heilenden Geist«. Es ist der von Christus entfachte Geist, welcher nicht nur dem Einzelmenschen in Krankheit und Verstrickung zu helfen berufen ist, sondern auch der ganzen Erde. Ihr Ziel, ein Planet der Freiheit und der Harmonie zu werden, hat er im Auge.

Erst das Pfingstereignis ließ die Jünger erwachen und beschwingte sie zu erleuchtetem Handeln. Jetzt empfingen sie eine über ihren Kreis und ihr Volk hinausdringende Sprache und konnten sich aufmachen. Erst jetzt erreichte sie der Auftrag des Himmelfahrtstags: »Ihr werdet meine Zeugen sein zu Jerusalem … und bis ans Ende der Erde« (Apostelgeschichte). Verbreitung des Christus-Geistes und Heilung der Erde wurde nun ihr Ziel …

Jedoch aus immer neuen Anlässen, auf immer neuen Stufen muss die Heilung in Angriff genommen werden. An veränderten Problemen bewährt sich ein wachsender, sich selbst wandelnder, heilender Geist, der die Menschheit begleitet … Äußere soziale Maßnahmen stoßen ins Leere, wo sie nicht durch ein inspirierendes Geistesleben getragen und ergänzt werden. Erst recht ist durch Gewalttaten nichts getan, denn sie sind eben keine heilenden Taten.

Fragen wir uns, wie wir als Christen im Sinne des Pfingstgeistes wirken können – für Mitmenschen, kulturelle Einrichtungen und die Erde –, so kann die Antwort immer nur lauten: heilend. Mit diesem Leitgedanken erschließen sich die Wege. Unsere Haltung wird zum Instrument für die dem Menschen helfende Wesenheit *Heiliger Geist.*

Kurt von Wistinghausen

SOMMERZEIT – JOHANNIZEIT

SONNENAUFGANG

Im aufsteigenden Sommer eines Morgens schon vor vier Uhr erwacht, öffnen wir das Fenster und schließen uns dem Hauch der Frühe auf. Noch ist die Dämmerung kaum wahrzunehmen, von der Sonne kein Strahl zu sehen. Aber sie ist im Kommen und in den ihr vorauseilenden Boten schon da – den vielfältigen Vogelstimmen. Ehe das Licht erscheint, erklingt es. Mit seinen den Horizont berührenden Fingern spielt es auf dem ihm zugeordneten Instrument unzähliger Vogelkehlen. Nun steigt es auf!
Licht will tönen; Licht will sprechen.
Welchen besonderen Zauber hat die frühe Stunde an einer skandinavischen Küste! Kein Windhauch bewegt noch die Weite des blassblauen, morgenduftenden Meeres. Obgleich die Vogelstimmen hier ganz unscheinbare Laute bilden: ein Pfeifen, ein Gurren, ein leises Schnattern, sie sind dennoch – vermummte – Vorläufer der aufsteigenden Sonne ...
Der Sommermorgen gemahnt an den Weltenmorgen. Einmal wohl, vor unausdenklichen Zeiten, haben die Wahrnehmungen von Auge und Ohr innig zusammengeklungen. Denn sie sind im Grunde eines Ursprungs. Heute noch, wenn wir sehen und gleichzeitig hören, werden wir

berührt von einem Schöpfungsgeheimnis. Ein Übersinnliches macht sich geltend im Bereich der Sinne. Der »Lichtlaut« geht uns durch und durch.

Kurt von Wistinghausen

Die Sonne tönt nach alter Weise
In Bruderspähren Wettgesang,
Und ihre vorgeschriebne Reise
Vollendet sie mit Donnergang.
Ihr Anblick gibt den Engeln Stärke,
Wenn keiner sie ergründen mag;
Die unbegreiflich hohen Werke
Sind herrlich wie am ersten Tag.

Johann Wolfgang von Goethe

REISELIED

Sonne leuchte mir ins Herz hinein,
Wind verweh mir Sorgen und Beschwerden!
Tiefre Wonne weiß ich nicht auf Erden,
Als im Weiten unterwegs zu sein.

Nach der Ebne nehm ich meinen Lauf,
Sonne soll mich sengen, Meer mich kühlen;
Unsrer Erde Leben mitzufühlen,
Tu ich alle Sinne festlich auf.

Und so soll mir jeder neue Tag
Neue Freunde, neue Brüder weisen,
Bis ich leidlos alle Kräfte preisen,
Aller Sterne Gast und Freund sein mag.

Herman Hesse

Sommerfülle in jedem Grün,
in reifen Feldern
und im roten Mohn,
in leuchtend bunten Schmetterlingen,
im leisen Wehen,
in Vogelschwüngen
und im Zirpenton.

Wärme umschmeichelt,
Wolken gleiten ferne
und Töne klingen weit,
unter der himmelhohen Glocke
aus sanftem Blau,
aus Hoffnungsschwingen
und geschenkter Zeit.

Lebensfülle in jedem Blick,
in reifen Fragen,
im Gedankenglühen,
in neu gewagtem Vertrauen
und leisem Ahnen,
von Aufbruchstimmung
und von Neubeginn.

Barbara Nowak-Schneider

SONNENWENDE

Wir besteigen einen Berg. Je höher es von Fels zu Fels hin-
auf geht, umso umfassender wird die Ausschau in die Fer-
ne, umso gewaltiger der Eindruck der Größe. Je steiler der
Pfad emporsteht, umso freudiger unser Bewusstsein. Die
Luft wird klarer und reiner. Wir fühlen uns eingetaucht
in Licht, Weite und Weltenschönheit. Dann kommt aber
der Augenblick, wo es nicht in der gleichen Richtung wei-
tergeht; der Gipfel ist erreicht. Auch wenn Kraft und Lust
noch unerschöpft sind: ein weiteres Höherstreben ist nicht
möglich.

Es folgt die Umkehr zum Abstieg. Nicht als eine innere
Abkehr vom Erreichten. Der Abstieg ist vielmehr die na-
türliche Fortsetzung des Anstiegs. Er ist für ein echtes Er-
leben sogar eine Steigerung. Denn das Höhenlicht und die
Weite dürfen wir nun, in die eigene Seele aufgenommen,
als Schenkende hinunter tragen in die Tiefe, in das Men-
schenleben.

Einen Augenblick zwar beschleicht uns vielleicht auf dem
Gipfel: hier oben in der Reinheit und Einsamkeit wollen
wir bleiben …

Das Aufsteigen zur Höhe und wieder absteigen in die Tiefe beeindruckt unser Erdenleben deshalb besonders, weil es eine ewige Kurve darstellt, die der Welt gemäß ist, in der wir leben …

Kurt von Wistinghausen

Herr, deine Welt ist schön, Herr deine Welt ist gut;
Gib mir nur hellen Sinn, gib mir nur frohen Mut!

Ich fühle, dass ich bin, ich fühle, dass du bist,
Und dass mein Sein von dir ein sel'ger Abglanz ist.

Die Welt beseligst du, beseligst dich in ihr;
Sollt' ich nicht selig sein, Allseliger, in dir!

Friedrich Rückert

Siehe, meinen Engel
sende ich vor dir her,
der dir den Weg bereitet;
es ist des Rufers Stimme,
Ändert den Sinn,
das Himmelreich
ist nahe gekommen.

Markusevangelium Kap. 1,1

Unser innerster schaffender Wille ahnt, wie er mit anderen
übereinstimmt, er fühlt seine eigene Universalität – und öffnet
so den Weg zur Erkenntnis jener Kraft, von welcher er sel-
ber ein Funke in uns ist.

Dag Hammarskjöld

SOMMERZEIT

Wir befinden uns im Jahreslauf in der Sommerzeit, in der Sommersonnwend- und Johannizeit, am Höhepunkt des Jahres. Unmittelbar nach der Sommersonnenwende gedenken wir am 24. Juni des Geburtstags Johannes des Täufers. Mit diesem Tag beginnt die Johannizeit.

Die Sonne, das Licht und die Wärme locken uns aus unsren Stuben und rufen uns hinaus in die Sommernatur. Wir freuen uns über die schönen Tage und genießen die hellen Abende. – Die Welt ist hell, weit und groß geworden. Sie ist von Schönheitsglanz durchdrungen und zieht den Menschen an. In des Menschen Inneren steigen traumhaft Sehnsüchte auf. Ausfliegen, steigen und singen wie eine Lärche am Morgenhimmel, so möchte man hinausziehen in die Weiten der Welt, um sie von vielen Seiten kennenzulernen, zu erfahren und zu erwandern. –

Gelingt es, Vergangenes hinter sich zu lassen und nach einer erholsamen, schönen Sommerzeit die im inneren und äußeren Leben neu gefassten Vorsätze, Entschlüsse und Impulse umzusetzen und zu verwirklichen?

Olaf Daecke

Linie, Schatten, Farbe – brennende Ausdrucksfülle.
Sprache der Blumen, Berge, Ufer, Menschenleiber.
Eines Augenblicks Zusammenspiel von Licht und Schatten,
einer Halslinie schmerzliche Schönheit, im Morgenlicht der
Alpenwiese weißer Krokusse Gral – Worte in der Sinne
übersinnlichen Sprache.

Dag Hammarskjöld

WOCHENSPRUCH

Geheimnisvoll das Neu-Empfange'ne
Mit der Erinn'rung zu umschließen,
Sei meines Strebens weitrer Sinn:
Es soll erstarkend Eigenkräfte
In meinem Innern wecken
Und werdend mich mir selber geben.

Rudolf Steiner

DER SOMMER

Das Erntefeld erscheint, auf Höhen schimmert
Der hellen Wolke Pracht, indes am weiten Himmel
In stiller Nacht die Zahl der Sterne flimmert,
Groß ist und weit von Wolken das Gewimmel.

Die Pfade gehn entfernter hin, der Menschen Leben
Es zeiget sich auf Meeren unverborgen,
Der Sonne Tag ist zu der Menschen Streben
Ein hohes Bild, und golden glänzt der Morgen.

Mit neuen Farben ist geschmückt der Gärten Breite,
Der Mensch verwundert sich, dass sein Bemühn gelinget,
Was er mit Tugend schafft, und was er hoch vollbringet,
Es steht mit der Vergangenheit in prächtigem Geleite.

Friedrich Hölderlin

Du nimmst die Feder – und die Linien tanzen.
Du nimmst die Flöte – und die Töne schimmern.
Du nimmst den Pinsel – und die Farben singen.
So wird alles sinnvoll und schön
in dem Raum jenseits der Zeit,
der du bist.
Wie kann ich da irgendetwas
zurückhalten von dir.

Dag Hammarskjöld

Im Sommer wird heute in der Welt herumgereist, wie es in der Weltgeschichte niemals der Fall gewesen ist. Man meint, sich auf diese Weise zu erholen. Aber man wird in der Zukunft immer mehr darauf kommen, dass auch die schönste Natur nicht mehr die erhoffte Wiederherstellung der Kräfte geben kann.

Nur durch eine innere Erholung, durch innere Regsamkeit und Arbeit werden die verbrauchten Lebenskräfte erfrischt und erneuert. Auf diese Weise geschieht eine Verlegung der Sommerlandschaft in das Innere der Seele, mögen dann auch Stürme tosen und endlose Regengüsse niederrauschen. Die innere Sommerlandschaft, die durch die Wärme treuer innerer Übung entsteht, wird dem Menschen Erholung spenden.

Emil Bock

Nun lass den Sommer gehen,
Lass Sturm und Winde wehen.
Bleibt diese Rose mein,
Wie könnt ich traurig sein?

Joseph von Eichendorff

HERBSTZEIT – MICHAELIZEIT

MICHAELIZEIT

Der 29. September ist seit dem 9. Jahrhundert als Michael-stag festgelegt und gefeiert worden.

Der Name Michael bedeutet nach alter jüdisch-christlicher Terminologie, »der vor dem Antlitz Gottes Stehende«. Seit Urzeiten ist er der Verwalter göttlicher Weltgedanken der kosmischen Intelligenz.

Das Bild des Erzengels Michael, der den Drachen besiegt, war zu allen Zeiten eine Hilfe für den Menschen, der mit den Mächten der Finsternis und der Zerstörung ringt. Der Herbst ist die Zeit im Jahreslauf, in der sich der Mensch diesen Kampf besonders zum Bewusstsein bringen kann.

Zu den Aufgaben Michaels gehört heute vor allem die Impulsierung der Menschheit, das Geistige als Realität anzuerkennen und allmählich zu erfahren, um es in Taten wirksam werden zu lassen.

Olaf Daecke

O Michael –
In deinen Schutz befehl ich mich
Mit deiner Führung verbind ich mich,
dass dieser Tag ein Abbild sein möge
Deines schicksalsordnenden Willens.

Verfasser unbekannt

SANKT MICHAEL

Unüberwindlich starker Held,
Sankt Michael!
Komm uns zu Hilf zieh mit ins Feld!
Hilf uns hie kämpfen,
Die Feinde dämpfen,
Sankt Michael!

Du bist des Himmels Bannerherr,
Sankt Michael!
Die Engel sind dein Königsheer.
Hilf uns hie kämpfen,
Die Feinde dämpfen,
Sankt Michael!

Groß deine Macht, groß ist dein Heer,
Sankt Michel!
Groß auf dem Land groß auf dem Meer.
Hilf uns hie kämpfen,
Die Feinde dämpfen,
Sankt Michael!

Den Drachen du bezwungen hast,
Sankt Michael!
Und unter deinen Fuß gefasst.
Hilf uns hie kämpfen
Die Feinde dämpfen,
Sankt Michael!

Altes Kirchenlied

Wie der Gedanke ringt,
die Offenbarung des Göttlichen
zu erfassen und zu pflegen,
ist in heutiger Zeit
ein Mutdienst am Abgrund.

Denn das Böse
will den Gedanken nur dulden
im Reich der Selbstsucht und Macht
und die Menschenseele
in eitelstolze Truggespinste locken.

Wer Hingabe übt am Geist,
der weiß: jede Überwindung
wird ein Stern auf dem Wege,
aus dessen geläuterten Golde
Michael seines Sieges Lanze schmiedet.

Friedrich Doldinger

Von Deinem Bild fühl ich mich mächtig angezogen,
Sankt Michael, Du Sonnengeist,
Der Du in goldnen Lichteswogen
Zu Christus und die Wege weist.

In Deines Sternenschwertes Schutz
Will ich auf Erden dienen,
Den Blick zum Rosenkreuz gelenkt
Des Irrtums Taten sühnen.

Ich will mit aller Herzenskraft
Mich Deinem Werk verbinden.
O Michael, von Dir geführt
Lass mich den Christus finden.

Ilse Schmäche

Feiger Gedanken
Bängliches Schwanken,
Weibisches Zagen,
Ängstliches Klagen
Wendet kein Elend,
Macht dich nicht frei.

Alle Gewalten
Zum Trutz sich erhalten,
Nimmer sich beugen,
Kräftig sich zeigen,
Rufet die Arme
Der Götter herbei.

Johann Wolfgang von Goethe

BÄUME IM HERBST

Bäume – allein im Wald, aufrecht und dunkel,
trotzig irgendwo im Grau die Krone.

Bäume – allein im Feld, knorrig, bunt belaubt,
halten standhaft ihre Äste in den Wind.

Menschen – allein im Strom der Zeit,
suchen zweifelnd, liebend, hoffend ihren Weg.

Barbara Nowak-Schneider

Mensch werde wesentlich! Denn wann die Welt vergeht,
so fällt der Zufall weg: das Wesen, das besteht.

Angelus Silesius

WINTER

Nach all den Farben, der Lichtfülle und der herbstlichen Klarheit, mit denen uns die Monate September und Oktober beschenken, umgibt uns die Erde in unseren Gegenden im November und in den folgenden Wintermonaten oft mit Dunkelheit, Trübe, langen Dämmerungen und Nebel. Man steht der äußeren Natur nun anders gegenüber als in den anderen Jahreszeiten; distanzierter, betrachtend, fragend, nach Beweggründen suchend und rätselnd.

Durch die kahlen, unbelaubten Bäume wird die Welt durchsichtiger, die Wälder geheimnisvoller und die Wiesen grauer. In die Natur zieht Stille ein. Die Abende bringen durch ihre früh beginnende Dämmerung Begrenzung mit sich. Im Abnehmen des Lichts liegt nicht nur Verlust, sondern auch Größe, Erhabenheit und Unermesslichkeit, im Winterlicht bei Tag und Sternenklarheit bei Nacht.

Es entsteht in einem immer wieder ein Fragen, ein Suchen, ein Festhalten-Wollen, ein Erfahren und Wissen-Wollen, was an einem solchen Wintertag unsichtbar im Geschehen der Natur vor sich geht.

Welche Prozesse ereignen sich in der Erde, in der Luft und im Wasser? Ist Erde immer gleich Erde, Luft immer gleich

Luft und Wasser immer gleich Wasser – nicht nur im Winter, sondern im ganzen Jahreskreislauf?

Was geht da vor sich, wenn Wasser zu Eis gefriert oder Schnee die gefrorene Erde bedeckt? Innere Prozesse werden äußerlich sichtbar und hörbar, wenn ein Wasserfall zu Eis gefroren und es um ihn still geworden ist, oder wenn an Pflanzen und Bäumen sich Schnee- und Eisformen oder sich gar an Fensterscheiben gefrorene Pflanzenformen bilden.

Was vollzieht sich in einem Baum, im Gestein eines Gebirges, in der Ackererde oder in einem Samenkorn, welches zur Erde gefallen und nun von Laub oder dem Schnee bedeckt ist?

Man möchte Wissender, Sehender und Schauender werden, um die äußere tot erscheinende Erde in ihrer inneren Wirklichkeit, in ihren inneren lebendigen Bildekräfteprozessen zu entdecken, zu erkennen, zu erleben, zu verstehen!

Olaf Daecke

DER MARTINSTAG

Regen, Kälte und Dunkelheit gehören zu der herbstlichen Atmosphäre, in der uns jedes Jahr aus der Legende das Lebensbild des Heiligen Sankt Martin lebendig entgegen tritt. Seit mehr als eineinhalb Jahrtausenden gedenken Menschen am 11. November des Martin, der als römischer Legionär im 4. Jahrhundert vor den Toren der südfranzösischen Stadt Tour sich einem Bettler erbarmte und ihm in seiner Not die Hälfte seines Mantels schenkte. Ein Traumerlebnis bewog den Römer, seinem Leben eine Wende zu geben und es hinfort in den Dienst Christi und der menschlichen Nächstenliebe zu stellen. - Ist die Legende von dem Heiligen Sankt Martin nur eine fromme Geschichte oder hat sie auch heute noch Bedeutung? Sie erweckt in uns eine christlich brüderliche Gesinnung und Verantwortung für unsere Mitmenschen?

Olaf Daecke

SANKT MARTIN UND DER BETTLER
(Zu einer Plastik von Gerhard Marcks)

Nicht Pferd, nicht Mantel. Nur dies karge Tuch.
Und dieser Hände nur und dieses Blicks
Verwandelnde Gewalt: wer gibt, wer nimmt?
Glück wohl: des Nehmens Glück. Und größer noch
Des Gebers Glück: dies, dass der Nehmer nahm.
Die Wunde freilich – ach, die Wunde WELT.
Doch siehe, welch ein Lichtring des Vertrauens.
Zwiefache Armut nun.
Und keine Armut.

Albrecht Goes

SAN MARTINO

Martin, der reitet durch dunklen Wald,
scharf weht der Wind und die Luft ist so kalt.
Sitzt am Weg ein alter Mann,
hat ja an Kleidern nichts Warmes an.

Nimmt da der Ritter sein blankes Schwert,
das ihm so manchen Feind gewehrt,
teilt seinen purpurnen Mantel entzwei,
so sind sie beide von Kälte nun frei.

Martin, ich bitt', gib auch mir in mein Herz,
wie ich erfahre des Wegbruders Schmerz,
dass meine Hände ich rege für ihn,
bis voller Freud' miteinander wir ziehn.

Aus dem italienischen Sprachraum

EINE BRÜCKENINSCHRIFT

Alles ist nur Übergang,
Merke wohl die ernsten Worte:
Von der Stunde, von dem Orte
Treibt dich eingepflanzter Drang.
Tod ist Leben, Sterben Pforte.
Alles ist nur Übergang.

Eine Brückeninschrift in Wien – Verfasser unbekannt

ZUM TOTENSONNTAG

Wir gedenken am Totensonntag Menschen, mit denen wir zusammen gelebt haben, welche unsere Zeitgenossen waren. Müssen wir an diesem Tage um die Verstorbenen nur trauern? Sind der Volkstrauertag und der Totensonntag nicht auch Gedenktage, an denen wir Menschen auf der Erde uns liebend an unsere Toten erinnern können? Nicht Trauern, Wehklagen oder Verzweiflung darf im Vordergrund stehen, so berechtigt der Schmerz um einen verstorbenen lieben Menschen auch sein mag. Indem wir uns mit unseren Gedanken mit den Toten verbinden, bemühen wir uns darum, diese in unser irdisches Tun – und darüber hinaus die geistige Welt in unser irdisches Leben mit einzubeziehen. Umgekehrt helfen wir ihnen durch unsere begleitenden Gedanken, sich in der Welt, in der sie sich nun befinden, zurechtzufinden und ihnen Orientierungshilfen zu geben. Es ist oft gar nicht leicht, die Existenz einer geistigen Welt in sich selbst wirklichkeitsnah erlebbar werden zu lassen.

Jeder von uns besaß in seinem Leben liebe Menschen, denen er nahe stand. – Er kannte besondere Persönlichkeiten, etwa einen Lehrer oder einen guten Freund, und andere

Menschen, an die er sich zu Lebzeiten vertrauensvoll wenden durfte, die ihm ratend und helfend und begleitend zur Seite standen. Des Freundes Ratschläge konnten richtungweisend für die innere und äußere Entwicklung sein. – Indem wir uns nun in besonderer Weise diesen verstorbenen Persönlichkeiten zuwenden und uns mit ihnen verbinden, können wir in unserem Lebensgefühl bemerken, wie diese neben uns erscheinen und beginnen, neben uns einher zu gehen und in bestimmten Lebensaugenblicken zu leiten.

Olaf Daecke

TEPPICH DES LEBENS

Durch das Tor der Geburt
trägt uns der Engel
in das Menschensein.
Um ihn ist Quellenruhe
und das Leuchten des Meeres.

Auf dem Pfade der Erdenpilgerschaft
finden wir uns selbst
als der Ichheit Geschöpfe.
In Spiel und Dank, Treusinn und Begeisterung
erwachet im Innern der Himmel.

Durch das Tor des Todes
führt uns der Engel zurück
in das Geistessternenreich.
Um ihn ist Flammenkraft und
die Gnade der Reinigung.

Friedrich Doldinger

BEIM TODE NAHESTEHENDER

Nun bevölkert sich das hohe Drüben
langsam für den alternden Gefährten
und ermahnt ihn, liebe Pflicht zu üben.

Was sie hier vielleicht ihm nicht gewährten:
dass er ihnen helfen durfte leise,
zart befruchtend ihrer Seelen Zärten,

darf er jetzt in geistigerer Weise.
Darf ins Labyrinth der Geister ihnen
folgen und auf ihrer Geisterreise

durch Gedanken und Gefühle dienen.

Christian Morgenstern

Glaubst du, dass ich dich verließ,
als ich von dir ging?
Dich aus meinem Herzen stieß,
das dich warm umfing?

Nein, ich ging, um näher nur
dir vereint zu sein,
folge meiner Himmelsspur –
nie bist du allein!

Immer strömt aus meiner Welt
in dich Licht und Klang,
die dein müdes Herz erhellt, –
nimmer sei dir bang.

Du in mir und ich in dir –
über Raum und Zeit
leben selig-einig wir
in der Ewigkeit.

Ida Rüchardt

SCHLUMMERFRIST

Lüft mir den Vorhang, dass ich möge künden
Das Schicksal derer in den Schattengründen,
Der Tausende, die täglich scheu und bang
Die stillen Todespfade gehn entlang:
Sie finden Ruhe in den stillen Hallen
Vom mühevollen bangen Erdenwallen,
Doch weil auf Erden alles endlich ist,
So muss auch enden ihre Schlummerfrist,
Denn keine Nacht ist, die da ewig währet.

Wenn alles Alte längst vergessen ist,
In der Erinnerung alles ausgewischt,
All das Vergangne völlig aufgezehret,
Dann kommt die Zeit, dass das, was übrig ist
Von Lenzgefühlen wunderbar durchmischt
Als neuer Keim ins Leben widerkehret.

Christian Wagner

EIN WEIHNACHTSLIED

Wintersonnenwende!
Nacht ist nun zu Ende!
Schenkest, göttliches Gestirn,
neu dein Herz an Tal und Firn!

O der teuren Brände!
Hebet hoch die Hände!
Lasset uns die Gute loben!
Liebe, Liebe, dir da droben!

Wintersonnenwende!
Nacht hat nun ein Ende!
Tag hebt an, goldgoldner Tag,
Blühn und Glühn und Lerchenschlag!

O du Schlummers Wende!
O du Kummers Ende!

Christian Morgenstern

WINTERNACHT

Verschneit liegt rings die ganze Welt,
Ich hab nichts, was mich freuet,
Verlassen steht der Baum im Feld,
Hat längst sein Laub verstreuet.

Der Wind nur geht bei stiller Nacht
Und rüttelt an dem Baume,
Da rührt er seine Wipfel sacht
Und redet wie im Traume.

Er träumt von künft'ger Frühlingszeit,
Von Grün und Quellenrauschen,
Wo er im neuen Blütenkleid
Zu Gottes Lob wird rauschen.

Joseph von Eichendorff

IN DER STILLE

Wenn ich ganz ruhig werde
und lerne, die Stille zu ertragen,
entdecke ich erst,
wie viele Geräusche das Leben hat.

Wenn ich genau hinhöre
und lerne, die Stille zu erleben,
nehme ich erst wahr,
wie das Leben darin pulsiert.

Wenn ich innerlich aktiv werde
und lerne, die Stille zu erfüllen,
wird mir bewusst,
wie ich mit allem Lebendigen verbunden bin.

Barbara Nowak-Schneider

DER WINTER

Wenn ungesehn und nun vorüber sind die Bilder
Der Jahreszeit, so kommt des Winters Dauer,
Das Feld ist leer, die Ansicht scheinet milder,
Und Stürme wehn umher und Regenschauer.

Als wie ein Ruhetag, so ist des Jahres Ende,
Wie einer Frage Ton, dass dieser sich vollende,
Als dann erscheint des Frühlings neues Werden,
So glänzet die Natur mit ihrer Pracht auf Erden.

Scardanelli
(Friedrich Hölderlin)

VERZEICHNIS DER AUTOREN

LITERATUR- UND QUELLENANGABEN

Angelus Silesius, *Der cherubinische Wandersmann*. Zürich 2015.

Bock, Emil, *Der Kreis der Jahresfeste*. Stuttgart 1999.

Bühler, Paul, zitiert nach: Bruno Endlich (Hrsg.), *Weihnachtliches Spruchbüchlein*. Stuttgart 1981.

Carossa, Hans, *Gedichte*. Frankfurt 2002.

Cornelius, Peter, *Gedichte*. Bremen 2011.

Daecke, Olaf, »In einer alten Legende …«. Quelle: Camille Schneider, *Der Weihnachtsbaum und seine Heimat, das Elsass*. Dornach 1964.

ders., »Nach all den Farben …«, in: Olaf Daecke, *Gedichte und Texte, Zeiten im Wandel* (unveröffentlicht).

ders., »Sommerzeit«, in: Mitteilungen der Rudolf-Steiner-Schule Nürtingen, Sommer 1989.

ders., »Weihnachten auf der Erde …«, in: Mitteilungen der Rudolf-Steiner-Schule Nürtingen, Weihnachten 1994.

ders., »Zum Totensonntag«, in: Mitteilungen der Rudolf-Steiner-Schule Nürtingen, Martini 1991.

Diestel, Hedwig, »Christophorus«, zitiert nach: Christoph Rau (Hrsg.), *Ich preise dich.* Stuttgart 1981.

Doldinger, Friedrich, »Teppich des Lebens«, zitiert nach: Hans-Werner Schroeder, *Mensch und Engel.* Stuttgart 1979.

Droste-Hülshoff, Annette von, *Sämtliche Werke.* München 1989.

Eichendorff, Joseph von, *Gedichte.* München 2007.

Fackler, Hermann, »Pfingstgebet«, zitiert nach: Christoph Rau (Hrsg.), *Licht vom unerschöpften Lichte.* Stuttgart 1983.

Goes, Albrecht, *Gedichte.* Frankfurt 2008.

Goethe, Johann Wolfgang von, *Faust I*, Vers 903 ff. In: Hamburger Ausgabe, Bd. 3. München 1988 ff.

Gryphius, Andreas, *Gedichte.* Ditzingen 2012.

Hammarskjöld, Dag, *Zeichen am Weg. Das spirituelle Tagebuch des UN-Generalsekretärs.* Stuttgart [3]2015.

Haushofer, Albrecht, *Moabiter Sonette.* München 2012.

Haushofer, Ingrid, »Das Geheimnis der Weihnacht«. Leipzig o.J.

Hebbel, Friedrich, *Der heilige Krieg. Briefe – Tagebücher – Gedichte.* Paderborn 2013.

ders., *Gedichte.* Ditzingen 1997.

Hesse, Hermann, *Die Gedichte*. Frankfurt 1997.

Hildegard von Bingen, *Gebete der Heiligen Hildegard*. Herausgegeben von Walburga Storch. Kevelaer 2012.

Himstedt, Franz-Heinrich, *Vergänglich und Ewigkeit. Eine Sammlung von Predigten 1947 – 1984*. Herausgegeben vom M. Himstedt. Pforzheim 2008

Hölderlin, Friedrich, *Sämtliche Gedichte und Hyperion*. Frankfurt 1999.

Irischer Soldat, »Er«, zitiert nach: Christoph Rau (Hrsg.), *Licht vom unerschöpften Lichte*. Stuttgart 1983.

Jiménez, Juan Ramon, *Herz, stirb oder sing. Gedichte*. Zürich 1987.

Kaléko, Mascha, *Mein Lied geht weiter. Hundert Gedichte*. München 2007.

Kaltenbrunner, Otto, *Wie ein Dornbusch – Gedichte*. Schloss Hamborn 2002.

Kerner, Justinus, *Sinnliches und Übersinnliches*. Tübingen 2012.

Meyer, Conrad Ferdinand, *Gedichte*. Ditzingen 1991.

Morgenstern, Christian, *Lyrik 1906 – 1914*. In: *Stuttgarter Ausgabe Werke und Briefe*, Bd. 2. Stuttgart 1992.

Mörike, Eduard, *Gedichte in einem Band*. Frankfurt 2001.

Njanapu-Just, Käte, »Je dunkler die Tage«, *zitiert nach: Weihnachtliches Spruchbüchlein*, Stuttgart 1981.

Nowak-Schneider, Barbara, *Durch die Zeit – Gedichte*. Gelnhausen 2004. (© Fischbachtal bei Darmstadt 2003.)

Novalis, *Geistliche Lieder*, in: *Werke, Tagebücher und Briefe Friedrich von Hardenbergs*. München 1978.

Rennefeld, Otto, *Dichtungen in drei Bänden*, Bd. 2. München 1958.

Rilke, Rainer Maria, *Erste Gedichte*, in: *Gedichte*. Frankfurt 1998.

Rittelmeyer, Friedrich, »Worte zum Weihnachtsfest«, zitiert nach: Barbara Nordmeyer (Hrsg.), *Licht im Aufgang*. Stuttgart 1964.

ders., »Eine Weihnachtsbotschaft«, zitiert nach: *Gedanken sind Kräfte*. Gesammelt und herausgegeben von Maria March, Berlin 1934.

Rüchardt, Ida, *In Bereitschaft – Gedichte*. Fellbach 1972.

Rückert, Friedrich, *Gedichte*. Königstein/Taunus 1983.

Schenkendorf, Max von, »Ostern«, in: Maria March (Hrsg.), *Gedanken sind Kräfte*. Berlin 1934.

Stadler, Ernst, *Dichtungen*. Hamburg 1954

Steffen, Albert, *Werke*, Bd. 1: Gedichte / Prosa. Dornach 1984.

Steiner, Rudolf, *Wahrspruchworte*. Dornach 2005.

Storm, Theodor, *Werke in einem Band*. München 1988.

Wagner, Christian, *Blühender Kirschbaum. Gedichte*. Kirchheim unter Teck 1995.

Wistinghausen, Kurt von, *Am Webstuhl der Zeit. Offenbare Geheimnisse im christlichen Festeskreis des Jahres*. Stuttgart 1988.

VERZEICHNIS DER ABBILDUNGEN

Unsterblich
duften die Linden

Bäume – wie Dichter sie sehen

Herausgegeben von Olaf Daecke
125 Seiten, geb.

»Die breit angelegte Sammlung lädt zum Suchen und Stöbern ein
und lässt einen den Wind in den Blättern rauschen und die Vögel
in den Zweigen singen hören. Ein schönes Geschenk, mit dem
man garantiert nichts falsch machen kann.«

Litterula

Urachhaus

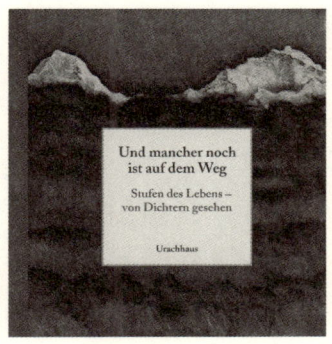

Und mancher noch
ist auf dem Weg

Stufen des Lebens – von Dichtern gesehen

Herausgegeben von Olaf Daecke
128 Seiten, geb.

»Das Buch kann nur jedem Menschen in jedem Alter empfohlen sein.
Es kann zu einem Begleiter durch das Leben werden.«

Erziehungskunst

Urachhaus